AF391294

PRO DOMO SUA.

Plaidoyer par Jacques-France.·. Illicencié en droit

CAVEAT ORATOR ILICEM

DOCUMENT A CONSULTER LORS DE LA DISCUSSION
DES PROPOSITIONS DE LOI
PRÉSENTÉES AU CORPS LÉGISLATIF
par les Députés **MICHELIN**, **MAURICE FAURE** et **VERGOIN**

PRO DOMO SUA

Plaidoyer par *Jacques-France* Illicencié en droit

AU TRÈS ILLUSTRE ET TRÈS HONORABLE
MAITRE FERDEUIL

AVOCAT A LA COUR D'APPEL

EX 18ᵉ, 30ᵉ, 33ᵉ, 88

Ex Vén∴ de la R∴  Les Cœurs Unis Inséparables,
Ex Vén∴ d'honneur AD VITAM de la dite Loge
Ex Membre du Chapitre et du Conseil de la 
Les Frères Unis Inséparables,

EX MEMBRE DU CONSEIL DE L'ORDRE
EX GRAND CHANCELIER
DE L'EX GRAND COLLÈGE DES RITES

*A nos FF∴ de tous les Or∴ et tout particulièrement aux
RR∴*  *L'Avenir et Etoile Polaire (O∴ de Paris),
La Réunion (O∴ de Toulon), Ordre et Progrés
(O∴ de Maule).*

DOCUMENT A CONSULTER LORS DE LA DISCUSSION
DES PROPOSITIONS DE LOI
PRÉSENTÉES AU CORPS LÉGISLATIF
par les Députés **MICHELIN**, **MAURICE FAURE** et **VERGOIN**

TITRE IV(*)

Des droits et devoirs de la défense

Art. 41.

Les outrages, injures ou diffamations commis dans leurs plaidoiries ou par écrits par les avocats seront punis des peines portées par la loi du 29 juillet 1881, conformément aux règles suivantes :

Art. 42.

Les outrages, injures ou diffamations seront préalablement constatés par un procès-verbal dressé à l'audience par le président, sur le demandé acte de la partie offensée.

Art. 43.

Le tribunal déclarer ensuite, par un juement motivé, si les faits reprochés comme diffamatoires sont ou ne sont pas connexes avec les faits de la cause.

Art. 44.

Si les faits sont déclarés connexes, le tribunal, par le même jugement qui mettra l'avocat inculpé hors de cause, l'autorisera, s'il le demande, à faire la preuve desdits faits en se portant reconventionnellement demandeur en dommages-intérêts.

Si le tribunal juge au contraire non connexes à la cause et diffamatoires les faits articulés, le droit commun, en matière de diffamation sera seul appliqué à l'avocat inculpé, sans préjudice des peines disciplinaires édictées par les articles 29 à 40 de la présente loi.

Les jugements prévus par les articles 43 et 44 ne seront rendus et les actions à en naître ne pourront être suivies qu'après que le Tribunal aura statué sur l'affaire à l'occasion de laquelle la plainte aura été portée.

Art. 45.

Toute poursuite téméraire contre un avocat instruite conformément aux articles 42, 43 et 44, sera punie d'une amende de 100 à 1.000 francs et d'un emprisonnement de six jours à six mois ou de l'une de ces deux peines seulement.

L'action civile des tiers reste en tous cas réservée.

(*) N. B. — *Emprunté au* JOURNAL DU PALAIS du 31 janvier 1886, lequel a publié *in extenso* e texte entier de la proposition de loi déposée le 18 novembre 1886.

A Maître Ferdeuil,[*]

Avocat à la Cour d'Appel,

PARIS

Bois-Colombes, le 3 mars 1887.

Monsieur et honoré Maître,

Vous vous êtes, paraît-il, ému d'un incident d'audience qui s'est passé le **18** janvier dernier à la 11e chambre correctionnelle et avez pris, un peu légèrement peut-être fait et cause pour un de vos confrères que vous ne connaissez évidemment pas.

Cela au point de vue de vous constituer son *Avocat d'office* et de soumettre l'incident, l'article de « *l'Avenir* » à l'appui, au **Conseil de l'Ordre** des Avocats.

Vous qui avez su, Très cher Maître, rester toute votre vie fidèle aux mêmes principes et ne voir en votre noble profession que l'exercice d'un sacerdoce, vous ne semblez pas vous douter qu'il existe parmi vos confrères quelques infâmes qui déshonoreraient la corporation si leurs agissements n'étaient hautement réprouvés par elle.

Ceux-là ne considérant la **robe** que comme une cuirasse, protection efficace pour exercer impunément le plus sale métier. Oubliant que plus la corporation à laquelle *on a l'honneur d'appartenir* est respectable, plus tous *ses* membres doivent *se* respecter par respect pour elle.

Voici déjà un point acquis sur lequel nous ne pouvons manquer de nous trouver d'accord.

Cela convenu je vous dois quelques explications sur les causes de l'incident si maladroitement provoqué par votre confrère et l'expression de mes regrets puisqu'il a si profondément ému un honorable avocat qui lui est complétement étranger.

Vous n'ignorez pas, mon Très cher Maître, que de même qu'il y a **Fagot** et **Fagot**, il y a malheureusement **Avocat** et **Avocat**, les uns *honneur*, les autres *honte* de la corporation.

(Les derniers ne comptent heureusement que pour une infinité-
simale majorité), qui les châtie ne fait donc que témoigner de
son respect pour la **Robe** qu'ils prostituent

L'insulteur aux gages de mes adversaires appartient à la
dernière catégorie, il est m'a-t-on dit connu au Palais pour ne
se servir de la **Robe** qu'en la salissant et l'usant pour commet-
tre avec garantie d'impunité, des actes qui font bondir tous les
honnêtes gens, *nos Magistrats donc les premiers*, d'où le mutisme
des juges siégeant à la 11e chambre, lesquels ont, en affectant
de ne vouloir pas entendre, témoigné du plus grand respect
pour la Robe.

Le Bravo qui pour de l'argent vous refroidit proprement un
Monsieur qu'il ne connait pas, le Vitrioleur salarié, le Plumitif
maître chanteur, le Diffamateur à gages sont d'honnêtes gens à
côté de ce *porte robe* proxénète du Barreau.

Les premiers ont au moins un certain courage relatif, puisqu'ils s'exposent à une répression pénale, tandis que l'ignoble
avocat qui s'en vient vénalement calomnier sciemment celui
que mieux que personne il sait digne du respect de tous, lâche-
ment puisqu'il a pris pour cela la précaution de se couvrir de
la **Robe**, (ce *Palladium sacré* par le fait des nombreuses généra-
tions qui se l'étant honorablement transmise l'ont ainsi imposée
au respect de tous), n'a même pas l'excuse du danger couru.

Celui-là n'est-il pas donc bien indigne non-seulement de tout
respect mais même de toute pitié ?

Il paraît d'ailleurs que ces gens-là acceptent gaiement la
honte. L'obturateur qui leur bouche la conscience leur procu-
rant en compensation, du droit au respect qu'ils ont perdu, de
gros bénéfices sans grande dépense de talent.

Les *honnestes gens* des deux sexes éprouvant un besoin quel-
conque, de mettre en pratique, pour attaquer une réputation as-
sise l'axiome de Beaumarchais : « Calomniez! Calomniez! il en
restera toujours quelque chose ! » leur appartiennent sans par-
tage. Ils savent qu'il existe des lois contre la calomnie, mais ils
savent également que les lois sont comme les forteresses,
qu'elles ne sont à craindre que pour celui qui, bête comme votre
serviteur, ne sait pas les tourner.

Le premier homme d'affaires venu leur enseignera Me A... ou
Me D... ou Me C... ou Me Y... ou encore Me Z..., personnages
délicats puisqu'ils n'oublient jamais de lui laisser les os à ronger.

La nomenclature en est heureusement restreinte, car fort peu
de licenciés en droit consentent, à quelque prix que ce soit, à
descendre à ce métier malpropre; il paraît que sur plus de huit
cents Avocats inscrits au tableau, cinq ou six au plus sont
Maîtres en ce genre, lucratif mais malhonnête.

Leur réputation ne dépasse, d'ailleurs, guère le seuil des
« Cabinets d'affaires » ainsi que crois, que l'on m'a, jadis, dit
le nom du *bonhomme*, qui s'est exposé à ce retroussis de *Robe*.
Ce nom ne m'a rien rappelé, aussi l'ai-je presque aussitôt
oublié et serai bien embarrassé de vous le dire.

Il est bien triste et bien honteux qu'une telle façon de faire
puisse encore se produire et que le premier polisson venu ait
la possibilité (quelque bête soit-il, *pourvu qu'il éclaire*) d'en
trouver un autre qui aura, de par la **Robe**, la licence de vous
insulter, moyennant finance, pour la plus grande jubilation de
quelques imbéciles.

« Vous en voulez à Z... et tenez à lui être désagréable, mais
« sans danger et en échappant à toute espèce de répression
« légale ?

« Un Monsieur a un jour répandu sur la tête du journaliste
« Périvier le contenu stercoraire d'un vase intime.

« — Oui bien, mais il s'est attiré ainsi un nombre respectable
« de mois de prison.

« — C'est dégoûtant, il n'y a plus moyen de s'amuser propre-
« ment en société !

« — Ah ! si pourtant, il en est un. Vous avez la *citation directe*
« et M° X... Vous allez chez un huissier et pour quelques francs
« vous forcez Z... à venir s'asseoir sur un banc où vous pourrez
« sans danger lui verser sur la tête tout ce que contient la
« robe du dit X.... *Ce sera encore plus malpropre*, mais, grâce
« à l'abus de vieux usages, au fait, que la plus respectable des
« corporations néglige d'émonder les branches pourries d'un bel
« et viel arbre. Cela se fait tous les jours sans aucun danger et
« chacun peut, pour quelques sous, se donner cette satis-
« faction. »

M° X..., aux premiers mots de l'affaire, dresse l'oreille et
boit du lait, l'habitude lui permettant d'estimer, d'un œil exercé,
tout le jus qu'il pourra exprimer des pratiques que Mercure lui
amène. Il leur dira peut-être bien tout d'abord « pas bonne
votre cause, mes enfants », mais il s'empressera d'ajouter :
« Vous avez eu du nez de vous adresser à Bibi ; vous eussiez
« frappé chez un avocat comme il y en a tant, vous étiez f.....
« Il n'y a qu'une façon d'atténuer la faiblesse de vos moyens de
« défense. Il faut d'abord parler le moins possible des choses
« en litige de crainte que le tribunal n'y comprenne quelque
« chose, il faut savoir entretenir vos juges de toute espèce de
« choses étrangères à la cause, les promener tout autour, parler
« dur et longtemps, arriver enfin à les agacer assez à force de
« répétitions, pour les hypnotiser par la fatigue.

« Mais il faut, pour bien faire ce métier, un vieux cheval
« comme moi, rompu au harnais.

« Je ne sais ce que jugera le tribunal, il vous condamnera
« même probablement, mais soyez persuadé, en tous cas, que
« je profiterai de ce que j'aurais votre adversaire sous la main,
« *ligotté*, bien *ficelé* et *baillonné*, pour lui dévider tout le ré-
« pertoire que j'ai péniblement, mais longuement appris par
« cœur, alors que jeune et plein d'illusions, je nourrissais le
« fol espoir de devenir sur mes vieux jours « Substitut », tout
« au moins.

« C'est devenu plus fort que moi, je ne puis plus voir un
« accusé assis (même par citation directe) sur le banc d'Infa-
« mie, sans avoir l'illusion de me croire Procureur de la Répu-
« blique, et de voir en *mon* accusé un Tropmann ou un Du-
« molard.

« Je sais, hélas! que ce n'est qu'une illusion, mais c'est
« encore une bien douce illusion pour un pauvre vieux raté.

« Enfin, vous tenez surtout à embêter quelqu'un que je ne
« connais pas ni ne veux connaître, pas plus lui que la cause
« d'ailleurs, cela me gênerait, me paralyserait et m'enlèverait
« tous mes moyens.

« Je vous le répète, on vous a bien adressé et je suis à même
« de vous fournir un enterrement de première classe.

« **LA MAISON** a pour cela un tarif aussi détaillé que celui des
« pompes funèbres, vous pouvez vous payer la classe que vous
« désirez, Voici ! Choisissez !! »

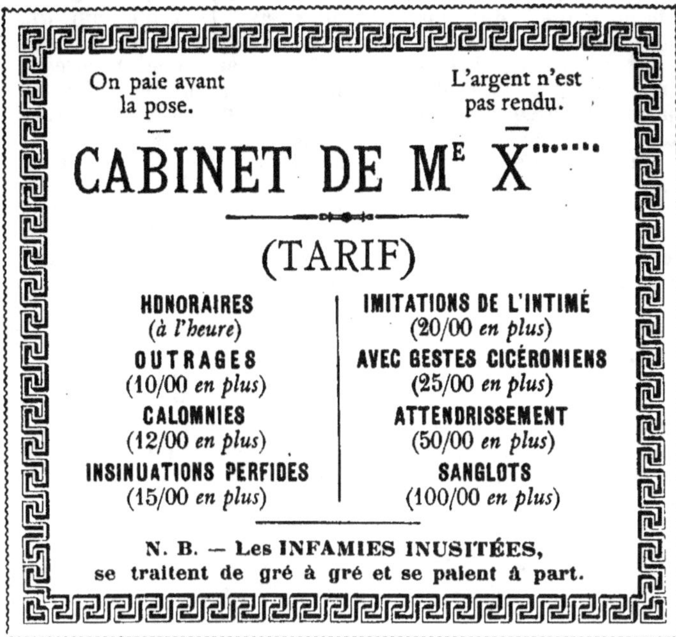

« Mᵉ X... ! vous êtes notre homme ! s'exclament les clients,
« complètement subjugués, il nous faut absolument un enterre-
« ment de première classe.

« Nous exploitons toute espèce de choses qui ne nous ap-
« partiennent pas, nous en encaissons les produits, cela ne
« laisse pas que de nous rapporter pas mal. Nous ne serons
« donc pas regardants à la dépense. Cherchez tout au fond de
« votre sac aux infamies inusitées. tachez d'en trouver quel-
« qu'une que vous n'ayez pas absolument usée ; faites votre
« compte, additionnez la facture, nous en acceptons d'avance
« le total. »

Ainsi fut fait :

Votre confrère, Mᵉ Ferdeuil, a fait son possible pour gagner
honnêtement son argent.

Tant qu'il s'est contenté de *me casser du sucre* sur la tête il
m'a, trois heures durant, prodigieusement amusé.

Stupéfait tout d'abord en recevant le premier coup de Masse,
i'ai vite jugé l'homme et n'ai plus vu, après quelques minutes,
qu'un ridicule Fantoche, singulier amalgame de Singe et de
Vieille-Femme déguisé en avocat, douce réminiscence d'un per-
sonnage de Guignol, qui m'a bien amusé dans mon enfance.

Ce n'est que quand le Misérable a essayé d'aborder le chapitre des **Infamies inusitées** que je me suis promis de l'inter-
rompre en menaçant de mon pied le bas du contenu de sa **Robe.**

Le drôle comprenait si bien n'avoir pas seulement mérité la menace mais bien sa réalisation (j'aurais voulu que vous le vissiez) que retrouvant tout à coup son agilité de vingt ans, il s'est, quittant brusquement la barre, enfilé, en retroussant ses jupes, tout au fond des bancs réservés aux témoins, et ce n'est qu'après avoir mis, en s'asseyant dessus, sa partie menacée à l'abri de tout accident, qu'il a enfin recouvré la parole pour, toujours assis, implorer suppliant et ému les foudres du Tribunal.

Un certain nombre de vos confrères assistaient à cette audience. Vous pouvez, Très cher Maître, tout en vous informant du nom du farceur qui a si sottement compromis **votre robe**, vous assurer de la véracité de tout ce que j'avance.

Je n'ai plus entendu parler depuis de ce diffamateur enjuponné, il me paraît fort possible que ses clients lui aient offert comme supplément de solde l'exécution de ma promesse *afin de le rémunérer de les avoir si sottement entraînés à contraindre* (alors qu'il savait la matérialité des faits articulés par moi déjà reconnue par une instruction sagement et habilement conduite), *un Tribunal à examiner et reconnaître le bien fondé d'assertions qui au dire de l'assignation de mes adversaires* portait atteinte à leur crédit, leur honneur et leur considération.

Quant à moi, fort de mon droit et de ma conscience, je suis persuadé, Très cher Maître, que si les Membres du Conseil de l'Ordre, avisés par vous, jugent à propos d'instruire l'affaire et de connaître le motif d'une si brutale interruption, tous s'étonneront que j'ai pu rester assez maître de moi pour m'en tenir à la menace.

VEUILLEZ AGRÉER, MONSIEUR ET TRÈS CHER MAÎTRE FERDEUIL, L'ASSURANCE DU PROFOND RESPECT ET DU LÉGITIME ORGUEIL AVEC LEQUEL J'AI L'HONNEUR DE ME DIRE,

VOTRE TRÈS HUMBLE SERVITEUR,

Jacques-France∴

(A)

Extrait du journal **L'AVENIR**

(n° 277) —————— 22 janvier 1887.

ÉCHO DES TRIBUNAUX

INCIDENT D'AUDIENCE

Un habitant de Bois-Colombes, statuaire bien connu, comparaissait mardi dernier à la 11ᵉ chambre pour répondre à une plainte en diffamation.

Les plaignants n'articulaient pas moins de sept chefs d'accusation lesquels attentaient à leur CRÉDIT, HONNEUR et CONSIDÉRATION (a).

La loi est formelle. Alors même qu'un citoyen serait convaincu de la plus complète indignité, nul n'a le droit de l'imprimer.

Le juge doit donc condamner. *Dura lex, sed lex.*

L'importance de la peine constitue donc seule la flétrissure, OU pour le diffamateur, OU pour le diffamé (b).

Les demandeurs réclamaient à notre compatriote : DIX MILLE FRANCS DE DOMMAGES-INTÉRÊTS ; L'INSERTION DU JUGEMENT DANS CINQ JOURNAUX A LEUR CHOIX ; LE MAXIMUM DE DURÉE DE LA CONTRAINTE PAR CORPS (a).

Après une plaidoirie très fine et très humoristique dans laquelle M. Vergoin, avocat de l'accusé, s'attacha à faire ressortir la légitimité des griefs de son client, le tribunal acquitta celui-ci du chef de six des griefs articulés et n'en retint qu'un seul pour lequel il lui infligea... SEIZE FRANCS D'AMENDE ! *Complètement muet sur les dommages-intérêts !!!* (b).

Nous assistions à cette audience où nous avons été spectateurs d'un incident aussi curieux qu'imprévu.

La loi nous défend le compte-rendu des procès en diffamation, de là notre réserve ; mais le reportage des faits-divers étrangers à la cause nous appartient.

Nous en profitons.

L'avocat des demandeurs (vieux DAUMIER très réussi), qui fit remporter par ses clients cette victoire à la Pyrrhus (nommons le Mᵉ X....), s'étant permis de dépasser les bornes d'une sage plaidoirie et de sortir de la cause, l'artiste se lève d'un bond et d'une voix de stentor, s'écrie...

Misérable !

Mᵉ X... s'adresse alors au tribunal, lui demandant de faire respecter sa robe.

Inutile, reprend l'artiste, *je la respecte plus que vous, car si vous continuez, j'aurai soin de la relever pour vous donner le pied au derrière.*

Mᵉ X... s'assit là-dessus, en priant de rechef le tribunal de sévir contre cette interruption, qu'il considérait comme un outrage au barreau.

Mais les juges ne parurent pas partager cet avis car, sans relever l'incident, ils donnèrent la parole à Mᵉ Vergoin, lequel, entre parenthèses, tout en plaidant la cause de son client, *se paya la bille* de son confrère de la façon la plus fine et la plus drôle, ce qui ne l'empêcha pas d'obtenir le jugement que nous avons relaté (b).

Ceci prouve combien l'esprit d'à-propos est chose utile. Il est présumable que si notre compatriote n'avait pas eu la précaution oratoire de relever la robe de Mᵉ X....., il se fût peut-être exposé à encourir les peines les plus sévères.

Les proverbes sont la sagesse des nations, ne l'oublions jamais, ami lecteur, et suivons l'exemple du statuaire qui s'est souvenu à temps que :

« D'UN MAGISTRAT IGNORANT, C'EST LA ROBE QU'ON SALUE. »

F. P.

Paris. — Imp. Rinuy, 11, rue Savy

(B)

F. GUYARD A JACQUES-FRANCE

Paris, 28 février 1887.

Mon cher Jacques France,

Qu'as-tu donc fait à la 11ᵉ ? On voit que tu n'as pas l'habitude de la correctionnelle.

Menacer un Avocat d'un coup de pied au c... Mais malheureux ! cela vaut au minimum un an ou deux de prison !

Mᵉ FERDEUIL est furieux, il a déféré la chose au Conseil de l'ordre des Avocats.

Fais vite ta malle et pars immédiatement pour Bruxelles en Brabant.

Tu m'enverras une tonne de Lambic et quelques bonbonnes de Genièvre ; cet avis valant au moins ça.

Bien à toi,

F. GUYARD.

(C)

JACQUES-FRANCE A F. GUYARD.

Bois-Colombes le 5 mars 1887.

Mon cher Guyard,

Eh bien oui, je ne chercherai pas à le nier plus longtemps, je le voudrais d'ailleurs que l'indiscrétion de *l'Avenir* me rendrait la chose impossible.

Comme il y a à Bois-Colombes plus de boulangers que de statuaires, la perspicacité de mes concitoyens m'a facilement reconnu et je dois, renonçant hélas, à céler plus longtemps mon identité, avouer que c'est bien de moi qu'il s'agit.

Oui ! Me voici *marqué au front* par une condamnation en correctionnelle et soupçonné, en outre, d'avoir la mauvaise habitude de relever les robes et de donner du pied au c...

Il faut pourtant que je me disculpe dans la limite du possible exposant en plein jour les circonstances atténuantes résultant de la provocation, ce pourquoi je suis d'ailleurs extrêmement gêné ; *Une dure expérience venant de m'enseigner* ce que peut coûter l'IMPRESSION de la vérité.

A savoir :

Etre assis six heures durant sur le banc des criminels et y récolter UN POU et SEIZE FRANCS D'AMENDE.

Il est vrai que MON POU, célibataire heureusement, s'est vite ennuyé et qu'après avoir exploré en tous sens ma chevelure déserte, il s'est enfin décidé à la quitter.

Peut-être avait-il une blonde fiancée qui, moins heureuse que lui vogue, en ce moment vers LA NOUVELLE, sur le chef d'un de *mes copains* du banc d'infamie.

Il est également vrai que les SEIZE *francs d'amende* ne m'ont pas encore été réclamés, mais toujours *honnête, quoique criminel,* je ne veux rien devoir à la justice de mon pays et j'irai dès demain les lui offrir.

Instruit donc par cette dure expérience, je tiens essentiellement à ne pas m'exposer à la récidive, car alors au lieu de SEIZE FRANCS cela pourrait bien m'en coûter TRENTE-DEUX et au lieu D'UN POU CÉLIBATAIRE ce serait peut-être UN MÉNAGE...... Brouout!!!....... rien que d'y penser, mes cheveux gris en tressaillent de la pointe aux racines.

Aussi, pour éviter tout accident nouveau et reconquérir, *si possible,* un peu de l'estime des Membres du Conseil de l'Ordre et de mes concitoyens, je me bornerai à leur communiquer, ainsi qu'à toi et aux lecteurs de *l'Avenir,* la copie d'une lettre, Plaidoyer justificatif que j'ai eu l'honneur d'adresser au très honoré Mᵉ Ferdeuil, aussitôt avisé par ta lettre et de son existence et de la peine prise par lui de se constituer, auprès du Conseil de l'Ordre, l'Avocat d'office de l'ANUS auquel j'ai, paraît-il, *causé une si terrible venette.*

Donc, malgré ton prudent conseil, je resterai chez moi jusqu'à nouvel ordre, c'est pour cette seule raison que tu ne recevras pas, pour le moment du moins, ni tonne de Lambic, ni bonbonne de Genièvre

Merci néanmoins de l'avis et tout à toi

JACQUES-FRANCE.

PARIS.. — IMPRIMERIE RINUY, 41, RUE DAVY

5 mars 1887.

FIN

Monsieur ....

....

....

à